# BEI GRIN MACHT SICH IHR
# WISSEN BEZAHLT

# Mediation in der Wirtschaft

Tina Kylau

GRIN

**Bibliografische Information der Deutschen Nationalbibliothek:**

Die Deutsche Nationalbibliothek verzeichnet diese Publikation in der Deutschen Nationalbibliografie; detaillierte bibliografische Daten sind im Internet über http://dnb.d-nb.de abrufbar.

ISBN: 9783346751300
Dieses Buch ist auch als E-Book erhältlich.

© GRIN Publishing GmbH
Nymphenburger Straße 86
80636 München

Druck und Bindung: Books on Demand GmbH, Norderstedt Germany
Gedruckt auf säurefreiem Papier aus verantwortungsvollen Quellen

Das vorliegende Werk wurde sorgfältig erarbeitet. Dennoch übernehmen Autoren und Verlag für die Richtigkeit von Angaben, Hinweisen, Links und Ratschlägen sowie eventuelle Druckfehler keine Haftung.

Das Buch bei GRIN: https://www.grin.com/document/1290108

# Mediation in der Wirtschaft

## 1. Gegenüberstellung der innerbetrieblichen Mediation und einer Mediation zwischen Unternehmen

In den folgenden Ausführungen wird die innerbetriebliche Mediation unter Berücksichtigung der Kriterien Streitgrundlage, Freiwilligkeit, Anzahl der Parteien, Neutralität des Mediators[1], Dauer und Anforderungen an den Mediator mit der Mediation zwischen Unternehmen vergleichend dargestellt.

Die *Streitgrundlage* bei einer *innerbetrieblichen Mediation* stellen andauernde Konflikte zwischen Mitarbeitenden dar, die die Zusammenarbeit und Kommunikation massiv erschweren. Hier spielen die individuellen Bedürfnisse, Befindlichkeiten und Emotionen der Beteiligten die wichtigste Rolle.[2] Die Konflikte können auf derselben hierarchischen Ebene auftreten oder auch zwischen Mitarbeitenden auf verschiedenen hierarchischen Ebenen. Die zusammenhängenden, andauernden, zwischenmenschlichen Beziehungen im beruflichen Kontext stellen die Konfliktgrundlage dar. Es gilt, das Unternehmen als System zu betrachten. Die Ansprüche der Beteiligten sind nicht justiziabel. Hingegen stellt bei der *Mediation zwischen Unternehmen* die faire Verteilung von vorhandenen Gütern die *Streitgrundlage* dar.[3] Hier verhandeln Manager und Anwälte der beiden Unternehmen miteinander über die Verteilung.[4] Die Ansprüche sind justiziabel. Das bedeutet, dass hier die Alternative (BATNA) bei Scheitern der Mediation, in der Regel ein Gerichtsprozess darstellt.[5]

Bei einer *innerbetrieblichen Mediation* ist die Mediation häufig vom Vorgesetzten oder von der Personalabteilung angeordnet und *nicht freiwillig* im Verständnis von „aus dem eigenen Antrieb heraus", sondern eher extrinsisch motiviert, da der Mitarbeitende möglicherweise Konsequenzen zu tragen hätte, wenn er sich dieser verweigert. Vom Mitarbeitenden wird in der Regel erwartet, dass er an dieser bereitwillig teilnimmt. Somit kann von einer eingeschränkten Freiwilligkeit gesprochen werden. Die Medianden müssen die Möglichkeit haben, jederzeit ohne Sanktionen aus der Mediation

---

[1] Aus Gründen der einfacheren Lesbarkeit werden im laufenden Text männliche Bezeichnungen verwendet, die selbstverständlich die weiblichen Bezeichnungen miteinschließen sollen.

[2] vgl. Ponschab, Reiner; Schweizer, Adrian: Wirtschaftsmediation Teil 1, S.5f
[3] vgl. Ponschab, Reiner; Schweizer, Adrian: Wirtschaftsmediation Teil 2, S.4
[4] vgl. Ponschab, Schweizer: Wirtschaftsmediation Teil 1, S.5
[5] vgl. Ponschab, Schweizer: Wirtschaftsmediation Teil 1, S.19

aussteigen zu können. Diesbezüglich ist der Mediator gefordert, Absprachen mit dem Auftraggeber zu treffen. Die Kosten werden vom Unternehmen getragen.[6] Die Teilnahme an einer *Mediation zwischen Unternehmen* ist *freiwillig*. Die Alternative stellt hier der Gerichtsprozess dar, welcher kostenintensiver ist und aufgrund der längeren Zeitdauer, zu späterem Zeitpunkt, zu einer Lösung kommen lässt. Sollte die Mediation scheitern, haben beide Parteien jederzeit die Option, die Mediation zu beenden und in ein Gerichtsverfahren überzugehen. Dieser Schritt ist aufgrund der nicht-justiziablen Ansprüche bei der innerbetrieblichen Mediation nicht möglich. Der Ausstieg aus der Mediation einer Partei bei der innerbetrieblichen Mediation würde hier bedeuten, dass der Konflikt nicht gelöst werden konnte. Das Unternehmen muss sich folglich andere Optionen überlegen, um die Situation zu entschärfen.

Die *Anzahl der Parteien* bei *innerbetrieblichen Mediationen* ist in der Regel mehr als zwei Parteien, da es sich hier um systemische Mehrparteienkonflikte handelt.[7] Dies deutet auf eine Komplexität des Verfahrens hin. Bei einer *Mediation zwischen Unternehmen* handelt es sich um einen Konflikt zwischen *zwei Parteien*, den beiden Unternehmen.

Die *Neutralität des Mediators* kann bei der *innerbetrieblichen Mediation* in Frage gestellt werden, da der Mediator von dem Unternehmen beauftragt wird und somit die Interessen des Unternehmens vertritt.[8] Dabei dürfen die elementaren Bereiche der Mediation nicht angetastet werden. Das bedeutet, dass auch in diesem Fall die Reglung der Unabhängigkeit und Neutralität aus dem Mediationsgesetz greift. Das stellt die Grundlage für eine innerbetriebliche Mediation dar. Um dieses zu gewährleisten, muss der Auftraggeber dem Mediator seine Auflagen offenlegen.[9] Bei einer Mediation zwischen Unternehmen ist der Mediator neutral.[10]

*Innerbetriebliche Mediationen* können *sich über einen langen Zeitraum hinziehen*, da es sich nicht um lineare Prozesse handelt.[11] Hier geht es um das Herausarbeiten von Leitwerten und das Erarbeiten einer nachhaltigen Lösung auf dieser Grundlage. Diese Prozesse sind an die Anzahl und die

---

[6] vgl. Schweizer, Adrian: Beispiele aus der Praxis innerbetrieblicher Mediation, in: Praxishandbuch Professionelle Mediation, S.2
[7] vgl. Ponschab, Schweizer: Wirtschaftsmediation Teil 1, S.19
[8] vgl. Ponschab, Schweizer: Wirtschaftsmediation Teil 1, S.19
[9] vgl. Schweizer: Beispiele aus der Praxis innerbetrieblicher Mediation, in: Praxishandbuch Professionelle Mediation, S.2f
[10] vgl. Ponschab, Schweizer: Wirtschaftsmediation Teil 1, S.19
[11] vgl. Ponschab, Schweizer: Wirtschaftsmediation Teil 1, S.19

individuelle Entwicklung der Medianden im Prozess der Mediation gekoppelt und nicht pauschal zu betrachten. Da hier in der Regel viele Menschen involviert sind, ergibt sich daraus die längere Zeitdauer.[12] Bei *Mediationen zwischen Unternehmen* handelt es sich um *einfache, kurze und lineare Prozesse.*[13]

Aus diesen Unterschieden ergeben sich verschiedene Anforderungen an den Mediator. Zunächst ist der Mediator gefordert, Kundenaquise zu betreiben. Darüber hinaus sollte er Kenntnisse haben, wie ein Unternehmen funktioniert.[14] Der Mediator nimmt in einer *innerbetrieblichen Mediation* zunächst die Rolle eines Coaches ein, der die Beteiligten erstmal auf ihrem Weg zur Selbstklärung begleitet, indem er ihre Leitwerte und ihre Antreiber herausarbeiten lässt. Das impliziert, dass er die Leitwerte kennt und die Fähigkeit besitzt, diese bei seinen Medianden durch entsprechende Fragetechniken herauszuarbeiten.[15] Er sollte dazu fähig sein, das Vertrauen mit seinen Medianden aufzubauen und entsprechende Techniken dazu authentisch zu verwenden.[16] Darüber hinaus ist es elementar, dass er seine eigenen Leitwerte kennt[17], um authentisch auftreten zu können. Er nutzt im Prozess die ihm verfügbare Modelle, wie zB den Paternoster der Konfliktlösung[18], sowie zB sein Wissen über die Bewusstseinsentwicklung[19]. Allgemein gilt es festzuhalten, dass der Mediator Wissen und Erfahrung über kommunikative Prozesse haben sollte, sowie Basiskenntnisse in den Bereichen Coaching, Psychologie, Soziologie und BWL.[20] Dabei sollte er fähig sein, die Medianden ihr Problem fühlen zu lassen. Da es bei innerbetrieblichen Mediationen aufgrund des Spannungsfeldes der Freiwilligkeit häufig zu Widerstand kommt, ist es elementar, dass er mit diesem professionell umgehen kann.[21] Hilfreich ist es, wenn er folgende Interventionen kennt und anwenden kann, welche die Medianden motivieren sollten, ihre Haltung und Bereitwilligkeit zur Mediation zu überdenken: Den

---

[12] vgl. Schweizer: Beispiele aus der Praxis innerbetrieblicher Mediation, in: Praxishandbuch Professionelle Mediation, S.3
[13] vgl. Ponschab, Schweizer: Wirtschaftsmediation Teil 1, S.19
[14] vgl. Schweizer: Beispiele aus der Praxis innerbetrieblicher Mediation, in: Praxishandbuch Professionelle Mediation, S.4f
[15] vgl. Ponschab, Schweizer: Wirtschaftsmediation Teil 2, S.52ff
[16] vgl. Schweizer: Beispiele aus der Praxis innerbetrieblicher Mediation, in: Praxishandbuch Professionelle Mediation, S.4f
[17] vgl. Ponschab, Schweizer: Wirtschaftsmediation Teil 2, S.91
[18] vgl. Ponschab, Schweizer: Wirtschaftsmediation Teil 1, S.41
[19] vgl. Ponschab, Schweizer: Wirtschaftsmediation Teil 1, S.29
[20] vgl. Ponschab, Schweizer: Wirtschaftsmediation Teil 2, S.40
[21] vgl. Ponschab, Schweizer: Wirtschaftsmediation Teil 2, S.40

Auftrag klären, mit zusätzlichen Informationen versehen, auf rechtliche Konsequenzen aufmerksam machen, Alternativen testen, völlige Neutralität anbieten, auf soziale Konsequenzen aufmerksam machen, die bisherige Vorgehensweise hinterfragen, mit der eigenen Tätigkeit vergleichen, den Zeitrahmen realistisch checken, den Erfolg relativieren, die Erfolgskriterien erarbeiten lassen, das Vorgehen aufteilen, aus Nominalisierungen Prozesse machen und provokativ vorgehen.[22] Um diesen Prozess authentisch beraten und begleiten zu können, ist es von großer Bedeutung, dass der Mediator selbst im Rahmen seiner Persönlichkeitsentwicklung eine höhere Bewusstseinsebene erreicht hat und sich in stetiger persönlicher Weiterentwicklung befindet. Eine systemische Weltsicht ist wesentlich, ebenso sollte er Glaubenssätze in sich tragen, die systemisch und lösungsorientiert sind.[23] Er sollte selbst in der Lage sein, die vier verschiedenen Wahrnehmungspositionen (1st position: Ich selbst, 2nd pos.: Du, mein Gegenüber, 3rd pos.: Er/ Sie, ein Beobachter, der sich die Szene von außen anschaut, 4th pos.: von außen, von oben auf das Geschehen blicken, ein Beobachter, der nicht Teil des Geschehens ist und das Gesehene mit Erfahrungen vergleichen kann; Metaebene[24]) einnehmen zu können und auf eigene Erfahrungen zurückgreifen können, um authentisch, glaubwürdig und werteorientiert agieren zu können.[25]

An einen Mediator, der zwischen Unternehmen mediiert, werden andere Anforderungen gestellt. Hier wird häufig von einem Anwaltsmediator gesprochen, ein Mediator, der gleichzeitig Rechtsanwalt ist. Die Streitgrundlage stellen hier justiziable Ansprüche dar und wie bereits erwähnt, stellt ein Gerichtsverfahren die Alternative dar. Daraus ergibt sich, dass der Mediator über rechtliche Kenntnisse verfügen sollte und in der Lage sein sollte, eine Risikoanalyse durchzuführen oder einen Dritten diese durchführen zu lassen, um so den meist vorhandenen Überoptimismus der Parteien für einen Gerichtsprozess zu relativieren.[26] Eine seiner wichtigsten Aufgaben wird beschrieben als das Würdigen der Widerstände der Parteien und ihrer Anwälte und sie zu bekräftigen, dass sie sich mit der Mediation auf dem richtigen Weg befinden.[27] Um die BATNA, beste Alternative, zu ermitteln, sollte ein Jurist in einem Einzelsetting eine Prozessrisikoanalyse

---

[22] vgl. Ponschab, Schweizer: Wirtschaftsmediation Teil 2, S.67ff
[23] vgl. Ponschab, Schweizer: Wirtschaftsmediation Teil 2, S.92
[24] vgl. Ponschab, Schweizer: Wirtschaftsmediation Teil 1, S.35
[25] vgl. Ponschab, Schweizer: Wirtschaftsmediation Teil 2, S.93
[26] vgl. Ponschab, Schweizer: Wirtschaftsmediation Teil 2, S.29
[27] vgl. Ponschab, Schweizer: Wirtschaftsmediation Teil 2, S.3

durchführen und damit einen möglichen Gerichtsprozess auf Kosten, Zeitaufwand, Prozessführung und Durchsetzbarkeit hin prüfen.[28] Ebenso ist es Aufgabe des Mediators zu überprüfen, ob die Mediation das geeignete Verfahren darstellt. Dazu sollte er ein Conflict- Screening durchführen.[29] Konflikte, bei denen es sich um eine faire Verteilung von Gütern unter den beiden Parteien handelt, können generell als mediierbar angesehen werden. Für den Mediator ist es in diesem Kontext wichtig, mit den dazu nötigen Instrumenten umzugehen, also das „Wie" herauszuarbeiten. „Wie können die Güter verteilt werden, damit beide Parteien es als fair empfinden?", dient hier als Leitfrage.[30] Diese fairen, kooperativen Verhandlungsstrategien, wie das Finden fairer Maßstäbe durch objektive Kriterien und neutrale Verfahren, sollten ihm bekannt und von ihm sicher praktiziert werden.[31] Ist es möglich, dass objektive Kriterien, sogenannte Standards durch die Parteien selbst festgelegt und anerkannt werden, so bilden diese die Grundlage. Dabei ist es oft hilfreich geltende Werte und Normen heranzuziehen, wie z. B. Wertfestsetzungen durch Dritte, Gutachten, Ortsüblichkeit, Industriestandards.[32] Können keine Standards gefunden werden, können neutrale Verfahren herangezogen werden. Kennzeichnend hier ist, dass meist eine dritte Person hinzukommt, z. B. in Form eines Schlichters. Neutrale Verfahren können sein: Versteigerungen, unverbindlicher Schlichtungsspruch, Zufallsverfahren, Last- Offer- Arbitration, High/ Low- Arbitration oder „Einer teilt, der andere wählt".[33] In diesen Mediationen ist es für die Parteien von großer Wichtigkeit, dass die gefundene Lösung rechtssicher dokumentiert wird. Daraus ergibt sich, dass das Protokoll von den Parteien unterzeichnet wird. Der Mediator sollte hierbei in der Kenntnis sein, dass das Protokoll so verfasst sein muss, dass eine sachkundige dritte Person mit diesem Protokoll die Einigung nachvollziehen kann. Dazu sollte es als „Protokoll der Einigung" betitelt werden.[34] Da in diesem Mediationsfall auch oft die Vollstreckbarkeit der Abschlussvereinbarung gewünscht ist, sollte der Mediator die Medianden über die Optionen dazu informieren. Diese

---

[28] vgl. Ponschab, Schweizer: Wirtschaftsmediation Teil 2, S.30
[29] vgl. Ponschab, Schweizer: Wirtschaftsmediation Teil 2, S.20
[30] vgl. Ponschab, Schweizer: Wirtschaftsmediation Teil 2, S.23
[31] vgl. Ponschab, Schweizer: Wirtschaftsmediation Teil 2, S.25
[32] vgl. Ponschab, Schweizer: Wirtschaftsmediation Teil 2, S.25
[33] vgl. Ponschab, Schweizer: Wirtschaftsmediation Teil 2, S.25f
[34] vgl. Ponschab, Schweizer: Wirtschaftsmediation Teil 2, S.36

sind: Anwaltsvergleich, vollstreckbare Notarurkunde und Abschluss vor einer Gütestelle.[35]

## 2. Die mediative Allianz

a.

*Ponschab/ Schweizer* verstehen unter dem Synchronisieren ein Angleichen in nonverbalen und verbalen Verhaltensweisen. Beobachtet ein Gesprächsteilnehmer ein Verhaltensmuster bei seinem Gesprächspartner, so ist es wahrscheinlich, dass dieser das gleiche Verhaltensmuster annimmt. Durch dieses Angleichen der Verhaltensweisen entsteht ein Gleichklang.[36]

Nach *Ponschab/ Schweizer* ist der Synchronisationsprozess die Grundlage für eine vertrauensvolle Beziehung zwischen dem Mediator und den Medianden. Der Synchronisationsprozess wird als ein natürlicher Prozess beschrieben, der zwischen Individuen stattfindet und das gegenseitige Verstehen fördert.[37] In der Mediation werden die Medianden durch den Mediator eingeladen, ihre bisherige Weltsicht, ihren Blickwinkel, ihre Perspektive zu verlassen und sich somit auf eine andere, erstmal unbekannte und fremde Sichtweise, einzulassen. Nur wenn der Mediator eine vertrauensvolle Grundlage geschaffen hat, werden die Medianden sich darauf einlassen können, da sie nun unbekanntes Gebiet betreten. In diesem Prozess stellt die vertrauensvolle Beziehung die Konstante dar, die die Sicherheit gibt, sich auf das Neue einzulassen.[38]

b.

Aus Sicht der Verfasserin sind die wichtigsten Methoden, die den Synchronisationsprozess befördern, die die sich aus der inneren Haltung des Mediators ergeben bzw. die diese implizit transportieren. Die anderen Methoden entstehen aus diesen Methoden. Aus diesem Grund werden die fünf wichtigsten Methoden aus der Sicht der Verfasserin im Folgenden erläuternd dargestellt. Die Verfasserin vertritt die Auffassung, dass das **„beten, kontemplieren und meditieren"**[39] eine der wichtigsten und grundlegendsten Methoden darstellt, um den Synchronisationsprozess zu befördern. Die Verfasserin verfolgt selbst einen achtsamkeitsbasierten

---

[35] vgl. Ponschab, Schweizer: Wirtschaftsmediation Teil 2, S.37
[36] vgl. Ponschab, Schweizer: Wirtschaftsmediation Teil 2, S.54
[37] vgl. Ponschab, Schweizer: Wirtschaftsmediation Teil 2, S.53
[38] vgl. Ponschab, Schweizer: Wirtschaftsmediation Teil 2, S.55
[39] vgl. Ponschab, Schweizer: Wirtschaftsmediation Teil 2, S.59

Ansatz der Mediation und betrachtet den Synchronisationsprozess als ein grundlegendes Element der Mediation, auf welches der Mediator als Person, in seinem Mediator-sein, den größten Einfluss hat. Die Meditation stellt eine bedeutsame Form der Entwicklung des eigenen Bewusstseins und Gewahrseins dar und ist ein Schlüsselelement bei der Entwicklung einer achtsamkeitsbasierten Haltung des Mediators[40], welche aus Sicht der Verfasserin elementar für den Synchronisationsprozess ist. *Reutter* postuliert in diesem Zusammenhang die transkonzeptuelle Achtsamkeit:

> *„Transkonzeptuelle Achtsamkeit bezeichnet eine Form von Bewusstheit, die es ermöglicht, die eigene Gedanken- und Gefühlswelt und die eigene Wahrnehmung so zu transzendieren, dass ihr Entstehen und Vergehen unmittelbar (d. h. ohne eine gedankliche, gefühlsmäßige oder wahrnehmende Perspektive einzunehmen) beobachtet werden kann. Eine solche Form der Achtsamkeit kann dem Mediator das Konfliktgeschehen auf eine die Projektionen des gewöhnlichen Bewusstseins überschreitende Weise öffnen. Einem in diesem Sinne achtsamen Mediator ist deshalb der Quantensprung von einem konzeptuellen zu einem transkonzeptuellen Erkennen der (Konflikt-)Wirklichkeit möglich."*[41]

Übergreifend herrscht Konsens in den verschiedenen Achtsamkeitsschulen darüber, dass die transkonzeptuelle Achtsamkeit eine geistige Fähigkeit ist, welche in jedem Menschen angelegt ist und auch umgesetzt werden kann.[42] Diese Fähigkeit wird in unserer Gesellschaft weniger gefördert. Daher ist es bedeutsam für den Mediator, dass dieser die Fähigkeit durch tägliche Praxis, zB in Form von Meditation, erlangt und fördert, da sie so auf mehrfache Art ihre Wirkung entfalten kann. Zum einen wirkt sie auf den achtsamen Mediator selbst, indem sie dazu führt, dass er mit innerer Ruhe und Klarheit die Wirklichkeit erfasst. Im Rahmen dieser Praxis entsteht eine innere Haltung, die den Mediator einen Mediator sein lässt und ihn nicht nur wie einen Mediator agieren lässt. Dieses ist ein zentrales Element des Berufsethos. Auf der Handlungsebene hat dieses zur Folge, dass seine Handlungen mit dem aktuellen Moment im Einklang stehen und er von den Medianden als authentisch wahrgenommen werden kann.[43]

---

[40] vgl. Reutter, Wolfgang Paul: Die Achtsamkeit des Mediators
[41] Reutter, Wolfgang Paul: Die Achtsamkeit des Mediators, S.26
[42] vgl. Reutter: Die Achtsamkeit des Mediators, S.28
[43] vgl. Reutter: Die Achtsamkeit des Mediators, S.29

Aus diesen Erkenntnissen ergibt sich, dass ein transkonzeptueller, achtsamer Mediator eben auch als solcher handelt und aufgrund dieser inneren Haltung gegenüber den Medianden integer und authentisch auftreten kann. Durch sein authentisches Auftreten und die damit einhergehende Präsenz fördert er den Synchronisationsprozess und damit auch das Vertrauen in die Mediation. Da sich diese Strategie aus der Haltung des Mediators ergibt, soll sie nicht als eine der fünf wichtigsten Strategien angeführt werden, vielmehr wird sie als logische Konsequenz einer achtsamen Haltung des Mediators entstehen. Wird zB die Methode „widerstandsarm sprechen" unter dem Gesichtspunkt der transkonzeptuellen Achtsamkeit betrachtet, so ist festzustellen, dass ein Mediator dieses als Technik erlernen kann, unabhängig von seiner inneren Haltung. Jedoch wird ein Mediator, der eine achtsamkeitsbasierte Grundhaltung entwickelt hat und stetig weiterentwickelt, die widerstandarme Sprache nicht nur als reine Technik praktizieren und einsetzen, sondern vielmehr aus seiner inneren Haltung heraus, um den Medianden gegenüber wirklich den Raum zu geben, das Gesagte mit den eigenen Gedanken und Verknüpfungen in Verbindung zu bringen. Demnach kann davon ausgegangen werden, dass der achtsame Mediator dieses anstrebt, um den Medianden auf diese Weise einen tieferen Zugang zu ihrem Innenleben zu ermöglichen und er infolgedessen auch ein tieferes Interesse daran hat, dass der Mediand dieses verbalisiert.

Angenommen ein Mediator würde sich gar nicht mit seinen Medianden synchronisieren wollen, so wären Methoden wie beispielsweise das „sich vorab Synchronisieren" oder „Einzelgespräche" nicht möglich, da diese sich aus der Methode „sich synchronisieren wollen" ergeben können. Ein nicht synchronisieren wollen könnte sich auch aus einer nicht antizipierten Antipathie mit einem Medianden ergeben und im Unterbewusstsein auftreten. Im achtsamkeitsbasierten Ansatz bestünde hier eine Handlungsmöglichkeit, die mit den Grundsätzen der Mediation vereinbar wäre. Als eine grundlegende Methode wird das *„sich Synchronisieren wollen"*[44] angesehen, da hier der Wille und die Bereitschaft des Mediators, sich auf diesen Prozess einzulassen, als Vorbild dient und dieses erst ermöglicht, dass die Medianden ebenso dazu bereit sind. Würde der Mediator von den Medianden erwarten, dass diese sich synchronisieren wollen, er es aber selbst nicht wollen würde, so wäre er in seinem Auftreten nicht authentisch und eine vertrauensvolle Beziehung könnte so unmöglich

---

[44] vgl. Ponschab, Schweizer: Wirtschaftsmediation Teil 2, S.56

aufgebaut werden. Ebenso wichtig ist laut der Verfasserin die Methode *„die Veränderung des eigenen Weltbildes zuzulassen"*[45]. Diese Methode ist ebenso elementar, da der Synchronisationsprozess im Wechselspiel stattfindet und der Mediator nur authentisch auftreten kann und so das Vertrauen der Medianden gewinnen kann, wenn er das, was er von den Medianden erwartet, bei sich selbst zulässt. Auch hier ist das Bewusstsein des Mediators ein Schlüssel. Die Verfasserin vertritt die Ansicht, dass die beiden Methoden unmittelbar miteinander zusammenhängen, da der Wille sich zu synchronisieren eine Offenheit des Mediators bedingt, die Veränderungen des eigenen Weltbilds zuzulassen.

Die Präsenz des transkonzeptionellen, achtsamen Mediators zeichnet sich durch seine körperliche Präsenz und seine transkonzeptuelle Bewusstheit aus. Diese wirkt sich auch auf die Medianden aus, da bei diesen aufgrund von Resonanzen entsprechende Situationen auslösen.[46] Die transkonzeptuelle Bewusstheit beschreibt das umfassende Dasein im jeweiligen Moment, welche eine „offene, urteilsfreie annehmende und akzeptierende Grundhaltung"[47] schafft, ohne dabei von eigenen Gedanken und Gefühlen gestört zu werden. Durch die wahrhaftige Präsenz im gegenwärtigen Moment und die damit einhergehend Fähigkeit des Mediators, sein Inneres differenziert wahrzunehmen und von seiner Wahrnehmung des Äußeren abzugrenzen, erlangt der Mediator eine innere Klarheit, die sich wiederum implizit auf die Medianden auswirkt.[48] Diese Präsenz schafft eine Basis für die weiteren vier wichtigsten Methoden.

Eine weitere wichtige Methode ist aus Sicht der Verfasserin das *„wirklich verstehen wollen"*[49]. In unserer westlichen Gesellschaft ist es üblich, dass wir weniger hören, um zu verstehen, sondern um zu antworten. Kommunikation findet vergleichbar mit einem Pingpongspiel statt. Seinen Gegenüber wirklich verstehen zu wollen, beinhaltet eine innere Haltung der Akzeptanz und der Anerkennung darüber, dass jeder seine eigene Perspektive hat. Diese innere Haltung trägt der Mediator mit in das Verfahren und erschafft so im besten Falle Resonanzen mit den Medianden. Der Mediator hat zB die vier Seiten einer Nachricht[50], sowohl beim Sender als

---

[45] vgl. Ponschab, Schweizer: Wirtschaftsmediation Teil 2, S.57
[46] vgl. Reutter: Die Achtsamkeit des Mediators, S.145
[47] Reutter: Die Achtsamkeit des Mediators, S.146
[48] vgl. Reutter: Die Achtsamkeit des Mediators, S.146f
[49] vgl. Ponschab, Schweizer: Wirtschaftsmediation Teil 2, S.57
[50] vgl. Schulz von Thun, Friedemann: Miteinander reden: 1, S.33

auch beim Empfänger als verfügbares Modell präsent und schafft durch das Entschlüsseln des Gesagten Verständnis. Dabei ist es bedeutsam, dass der Mediator dieses Modell nicht nur technisch anwendet, sondern dass er seine eigene innere, achtsame Haltung entwickelt und weiterentwickelt, die dann subtil auf die Medianden wirken kann. Als Grundlage für einen friedvollen Umgang und eine friedliche Kommunikation miteinander wäre es wünschenswert, dass wir das Gesagte von unserem Gegenüber wirklich verstehen wollen, um ihn besser zu verstehen und mehr über ihn und seine Werte und seine innere Haltung zu erfahren. Sind wir in der Lage, unserem Gegenüber mit dieser Haltung zu begegnen und diese authentisch zu leben, ist die Grundlage für eine vertrauensvolle Beziehung geschaffen. Der Mediand erlebt in diesem Moment die Mediation als etwas positives, weil er gehört wird und der Mediator ein ehrliches Interesse an seinen Äußerungen zeigt. Dieses führt dazu, dass er sich öffnet und mehr zu seinem Inneren gelangen kann. So wird für den Medianden auch die Option geschaffen, eine höhere Bewusstseinseben zu erreichen.

*Reutter* führt das „Unbedingte Mitgefühl sich selbst und anderen gegenüber"[51] als einen zentralen Aspekt an, der durch eine transkonzeptuelle achtsame Grundhaltung gelebt wird, an. Unbedingtes Mitgefühl ist auf verschiedenen Ebenen zu betrachten. Zum einen beschreibt es die Fähigkeit, das eigene Leid zu empfinden, zum anderen die Fähigkeit das Leid der Mitmenschen nachzuempfinden. Aus diesen Empfindungen entsteht automatisch das Bestreben, das Leid der anderen Lebewesen abzufedern. Diese tiefe Empathiefähigkeit ermöglicht es dem transkonzeptuell achtsamen Mediator, sich mit den Medianden zu verbinden.[52]

Ein transkonzeptuell achtsamer Mediator ist folglich in der Lage, mögliche Sympathien und Antipathien mit den Medianden als solche wahrzunehmen sie sich bewusst zu machen und wieder zu innerer Klarheit zurückzufinden. Diese Fähigkeit stellt aus Sicht der Verfasserin einen wichtigen Schlüssel bei einer der wichtigsten Strategien *„sich selbst besser kennenlernen"* dar. Durch sein weiter entwickeltes Bewusstsein kennt der Mediator sich selbst besser und ist in der Lage, Störungen in Form von bewertenden Gedanken,

---

[51] Reutter: Die Achtsamkeit des Mediators, S.145
[52] vgl. Reutter: Die Achtsamkeit des Mediators, S.147

Emotionen wahrzunehmen, sich bewusst zu machen und wieder zurück in seine Mitte zu finden.

Die Verfasserin vertritt die Meinung, dass die Methode „*sich selbst besser kennenlernen*"[53] im Zusammenhang mit dem „*wirklich verstehen wollen*" steht. Umso näher der Mediator bei sich selbst ist, sich selbst kennt, sich seiner selbst bewusst ist, sich seiner Werte bewusst ist, desto besser ist er in der Lage, die Medianden zu verstehen. Hinzu kommt, dass er seine inneren Werte durch sein Handeln, seine verbale und nonverbale Kommunikation, implizit äußert. Dieses sollte ihm bewusst sein. Im idealen Fall begleitet er die Medianden auf ihrem Weg, ihre eigenen Leitwerte herauszufinden. Würde er seine eigenen Leitwerte nicht kennen, wäre sein Handeln unauthentisch und eine Synchronisation würde Medianden und Mediator den Kern der Mediation verwehren.

Wie in verschiedenen Kontexten dargestellt wirkt sich die innere Haltung des Mediators durch verschiedene Resonanzen auf die Medianden aus. Daraus folgt nach Auffassung der Verfasserin, dass die Strategien, die sich aus der Haltung des Mediators ergeben, die wichtigsten darstellen, um den Synchronisationsprozess zu befördern. Die anderen Strategien ergeben sich folglich aus den fünf wichtigsten Strategien. Zur Veranschaulichung hat die Verfasserin folgende Grafik erstellt:

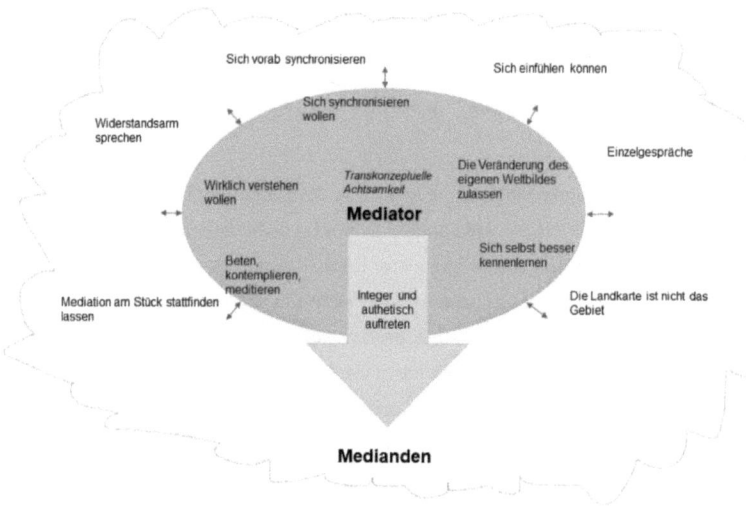

---

[53] vgl. Ponschab, Schweizer: Wirtschaftsmediation Teil 2, S.58

c.

In den folgenden Ausführungen werden mögliche Probleme und Risiken bei der Verwendung von Einzelgesprächen im Rahmen einer Mediation betrachtet und dargestellt. Zuerst gilt es anzuführen, dass das vorgestellte Mediationsverfahren von *Ponschab/ Schweizer* einem besonderen Aufbau folgt, indem in den Einzelgesprächen bewusst Coaching-Tools verwendet werden und den Medianden in dieser Phase so ermöglichen sollen, dass diese ihre eigenen Interessen und Werte antizipieren und ebenso die des Konfliktgegners. Die nachfolgend dargestellten möglichen Probleme und Risiken beziehen sich auf den allgemeinen Einsatz von Einzelgesprächen in der Mediation und setzen u. a. auch andere Settings voraus. Ein mögliches Setting für ein Einzelgespräch wäre, dass der Mediator in einer Situation während der laufenden Mediation bemerkt, dass ein Mediand etwas zurückhält oder dass ein Mediand auch nach einem Einzelgespräch fragt. Diese Form der Einzelgespräche würden im Laufe eines Verfahrens auftreten und würden bedeuten, dass die laufende Mediation unterbrochen werden würde. Es besteht die Möglichkeit, dass dieses bei der anderen Konfliktpartei Misstrauen und Unwohlsein auslöst, da der gemeinsame Prozess unterbrochen wurde.

Ein mögliches Problem beim Einsatz von Einzelgesprächen, stellt die „Gefühlsverpuffung"[54] dar. Die Beteiligten haben ihren Konflikt im Einzelgespräch dargestellt und im Rahmen dieser ersten Darstellung ihre damit zusammenhängenden Emotionen abgeladen. Dieses kann dazu führen, dass insbesondere ängstliche, unsichere Beteiligte in der gemeinsamen Sitzung den Konflikt in einer abgeschwächten und weniger emotionalen Form darstellen.[55]

Ein weiteres Problem stellt die Handlungsfreiheit aufgrund der Unvoreingenommenheit des Mediators dar. So ist der Mediator zur Vertraulichkeit über die Inhalte des Einzelgespräches verpflichtet und kann aufgrund dieses Informationsvorsprungs nicht mehr unvoreingenommen nachfragen, wenn ihm die mögliche Antwort bereits aus dem Einzelgespräch bekannt ist.[56]

---

[54] vgl. Thormann, Christoph; Prior, Christian: Klärungshilfe 3, Das Praxisbuch, S.39
[55] vgl. Thormann, Prior: Klärungshilfe 3, Das Praxisbuch, S.39f
[56] vgl. Thormann, Prior: Klärungshilfe 3, Das Praxisbuch, S.41

Problematisch in diesem Zusammenhang kann auch die Unbeschwertheit des Mediators sein, da angenommen werden kann, dass die Medianden in dem Einzelgespräch sich jeweils als Opfer dargestellt haben und direkt oder indirekt versucht haben, den Mediator auf ihre Seite zu ziehen.[57] Daraus ergibt sich, dass die Allparteilichkeit und die Neutralität gefährdet sein kann bzw. die Einzelspräche in diesem Zusammenhang das Verfahren im Hinblick auf die o. g. Prinzipien erschweren könnten. Der Mediator könnte hier Gefahr laufen, sich unbewusst auf eine Seite ziehen zu lassen und so instrumentalisiert zu werden. Hier spielt die Sympathie und Antipathie des Mediators mit den Medianden eine Rolle und kann in diesem Zusammenhang mögliche Manipulationsversuche seitens der Medianden noch bestärken. In diesem Zusammenhang besteht das Risiko, dass der Mediator sich in dem intensiven Einzelgespräch dem Medianden angenähert hat und seine professionelle Distanz verliert.[58] Daraus könnte sich auch noch eine weitere Verhärtung der Fronten ergeben, wenn sich ein Mediand vom Mediator besonders verstanden fühlt und dieses fälschlicherweise als „Recht bekommen" interpretieren würde. In einem Setting, in dem der Mediator sich direkt nach einem Einzelgespräch, welches in einem geschützten Raum stattgefunden hat, zurück in das triadische Setting begibt, könnten für ihn selbst Herausforderungen auftreten, sich wieder vollkommen auf das neue Setting einzulassen.[59] In diesem Fall ist die Achtsamkeit des Mediators besonders gefordert. Es besteht das Risiko, dass der Mediator mit seinen Gedanken und seinem Gewahrsein noch im Einzelsetting verhaftet bleibt und er so entscheidende Momente, Emotionen und Situationen nicht umfassend wahrnehmen kann. Einzelgespräche können darüber hinaus bei der jeweils anderen Partei ein Unwohlsein auslösen, da diese keine Einblicke hat, welche Inhalten und Themen mit der Gegenseite dort erarbeitet und besprochen wurden.

In der Konfliktklärung haben negative Gefühle eine entscheidende Rolle. Durch das Verbalisieren und Hören der negativen Gefühle des Gegenübers, können diese verstanden und nachempfunden werden, welches eine vertrauensvolle Beziehung der Konfliktparteien fördert. Im Einzelgespräch wird dieses nicht möglich.[60]

---

[57] vgl. Thormann, Prior: Klärungshilfe 3, Das Praxisbuch, S.41
[58] vgl. Fritz, Roland; Klenk, Michael: Einzelgespräche- Teil 1, in: ZKM 5/2016, S. 164
[59] vgl. Fritz, Klenk: Einzelgespräche- Teil 1, in: ZKM 5/2016, S. 164
[60] vgl. Thormann, Prior: Klärungshilfe 3, Das Praxisbuch, S.42

Aufgrund der möglichen Gefühlsverpuffung und dem Nicht-Erleben der negativen Gefühle, besteht das Risiko, dass die Konfliktdynamik verloren geht. Dieses kann sich problematisch auf die Einigung auswirken, da aufgrund der geringen erlebten Dynamik der Einigungsdruck abnehmen kann. Als Folge wird der gemeinsame Weg zu der gemeinsamen Lösung weniger intensiv erlebt,[61] was dazu führen kann, dass die Lösung nicht so ein hohes Maß an Befriedigung bei den Medianden erreicht. Hier spielt das gemeinsame Durchleben der verschiedenen Emotionen im Konflikt eine wichtige Rolle sowie der Umgang des Mediators mit diesen Emotionen in der triadischen Kommunikation. Einzelgespräche unterbrechen die triadische Kommunikation und bergen somit das Risiko, dass dieses Element der Mediation nicht den gewünschten Effekt auf die Medianden hat.

Sowohl für den Mediator als auch für die Medianden besteht das Risiko, dass sie aufgrund der Fülle an Informationen im Einzelgespräch, den Gesamtüberblick verlieren und sich verzetteln.[62]

Wird das konkrete Setting der Einzelgespräche im Sinne von *Ponschab/ Schweizer* betrachtet, so besteht hier das Risiko, dass der Mediator nicht ausreichend über die nötigen Kompetenzen verfügt, um dieses Setting erfolgreich durchzuführen. Das übergeordnete Ziel wäre hier eine emotionale Umstrukturierung durch Verändern der Gefühle der Medianden.[63] Ist der Mediator diesbezüglich wenig geschult oder mangelt es an Einfühlungsvermögen, so besteht die Gefahr, dass der Mediand sich aufgrund der unpassenden, ausfragenden Fragen verhört fühlt.

d.

In der folgenden Ausführung soll betrachtet werden, mit welchem Problem ein Mediator zu rechnen hat, der sich um ein hohes Maß an Synchronisation bemüht und in einer Angelegenheit zwischen der Leitung eines Konzernunternehmens und dem Betriebsrat eines kleinen Teilstandortes, der einen Werkstattbetrieb darstellt, mediieren möchte. Dabei wird so vorgegangen, dass das aus der Sicht der Verfasserin bestehende Hauptproblem benannt wird und im Folgenden dann erläutert wird, warum dieses Hauptproblem besteht.

---

[61] vgl. Fritz, Klenk: Einzelgespräche- Teil 1, in: ZKM 5/2016, S. 164
[62] vgl. Fritz, Klenk: Einzelgespräche- Teil 1, in: ZKM 5/2016, S. 164
[63] vgl. Ponschab, Schweizer: Wirtschaftsmediation Teil 1, S.61

Das Hauptproblem in diesem Fall stellt aus Sicht der Verfasserin die mangelnde Möglichkeit und Fähigkeit an Einfühlungsvermögen für die jeweils gegenüberstehende Seite dar. Im vorliegenden Fall stellt die Leitung des Konzernunternehmens einen Konfliktpartner dar. Die Konzernleitung vertritt in ihrer Rolle als Leitung des gesamten Konzernes andere Interessen als der Betriebsrat des Teilstandortes, da dieser in seiner Funktion die standortbezogenen Interessen vertritt. Hervorzuheben ist, dass die Konzernleitung ein hohes Maß an Verantwortung für den gesamten Konzern hat und damit auch für alle Mitarbeitenden im gesamten Konzern. Die Konzernleitung vertritt Interessen, die den gesamten Konzern betreffen. Der Konzern besteht vermutlich aus verschiedenen Unternehmen, die dann wieder in einzelne Betriebe unterteilt sind.

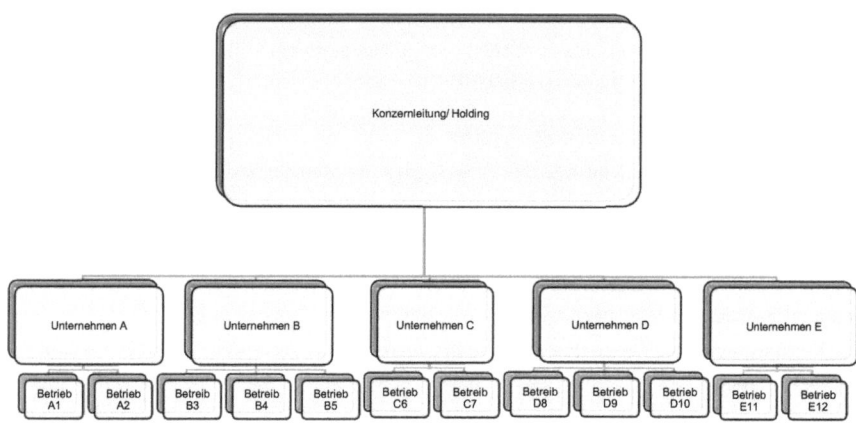

Um die Struktur zu veranschaulichen, wurde als Visualisierung dieses mögliche Organigramm gewählt. Die Konzerngeschäftsleitung ist in der obersten Hierarchieebene angesiedelt, während der Werkstattbetrieb einen Betrieb auf der untersten Hierarchieebene darstellt. Im vorliegenden Fall kann zB angenommen werden, dass der Betrieb A1 den genannten Werkstattbetrieb abbildet.

Die zu verrichtende Arbeit der Geschäftsleitung bezieht sich in erster Linie darauf, den Konzern betriebswirtschaftlich zu führen. Es ist davon auszugehen, dass die Arbeit eher kognitiven Tätigkeiten entspricht. Die Mitarbeitenden im Werkstattbetrieb, aus denen der werkstatteigene Betriebsrat gewählt wird, verrichten in der Werkstatt in erster Linie

15

körperliche Tätigkeiten. Aus den verschiedenen täglichen Tätigkeiten ergeben sich bereits unterschiedliche Bedürfnisse und Interessen. Wenn der Betriebsrat der Werkstatt an einer Mediation teilnehmen würde, so würde dieser die Interessen seines Standortes vertreten und hätte die Konzerninteressen nicht im Fokus. Der Betriebsrat der Werkstatt würde mit der Aufgabe in die Mediation gehen, die Interessen zu vertreten, die die eigene Werkstatt betreffen. Hingegen würde die Konzernleitung die Interessen des gesamten Konzerns im Fokus haben. Aufgrund der hierarchischen Strukturen kann davon ausgegangen werden, dass sowohl die eine Partei als auch die andere Partei die Interessen der anderen Seite nicht herausarbeiten könnte, da sie jeweils mit dem täglichen Arbeitsfeld der anderen Seite nicht vertraut ist. Diese Differenzen ergeben sich bereits aus ihren Aufgaben. Eine Mediation im vorliegenden Fall wäre von einem starken strukturellem Machtgefälle geprägt, da die Konzernleitung und der Betriebsrat des Werkstattbetriebs auf unterschiedlichen hierarchischen Ebenen angesiedelt werden. Grundlegend gilt, dass Konzerninteressen übergeordnet sind und einzelne Interessen, wie zB von einem Teilstandort, den Konzerninteressen weichen müssen. Die Standortinteressen kollidieren mit den Konzerninteressen. Dementsprechend kann festgehalten werden, dass aufgrund der Interessenunterschiede, des strukturellen Machtgefälles und den Aufgabendifferenzen der Synchronisationsprozess erschwert werden würde. Das Führen durch die vier verschiedenen Wahrnehmungspositionen beispielsweise wäre aufgrund der angeführten Gründe weniger zielführend. Da der Betriebsrat der Werkstatt und die Konzernleitung in der Regel keine Berührungspunkte haben, könnte der mangelnde Erfahrungsaustausch zudem die Situation noch erschweren.

Den Ausführungen hinzuzufügen ist, dass in einem Konzernunternehmen ein Konzernbetriebsrat existiert. Wenn es um betriebsverfassungsrechtliche Mitbestimmung geht, würde die Konzerngeschäftsleitung eigentlich mit dem Konzernbetriebsrat verhandeln. Dabei handelt es sich um ein Gremium, welches aus Vertretern der einzelnen Gesamtbetriebsräte gebildet wird, die ihrerseits aus den lokalen Betriebsräten gebildet würden. Somit wären auch Vertreter des Betriebsrates der Werkstatt in diesem Gremium. Der Konzernbetriebsrat hat in dem Moment die Aufgabe, eine Materie zu verhandeln, die die Arbeitnehmer im gesamten Konzern betrifft. Daher haben beide die Verhandlungsinteressen im Blick. Konzernbetriebsrat und Konzernleitung befinden sich somit auf Augenhöhe, da hier aus einer anderen Perspektive auf die Interessen geschaut wird. Die im vorliegenden

Fall an der Mediation teilnehmenden Parteien würden nicht auf Augenhöhe verhandeln.

### 3. Mediation im Rahmen der Unternehmensnachfolge (Übertragung von Gesellschaftsbeteiligungen)

*Wegmann* beschreibt die Mediation im Rahmen der Unternehmensnachfolge als ein Zusammenspiel von rechtlichen und persönlichen Problemen. Die rechtlichen Grundlagen für Mediationen in diesem Kontext sind im Gesellschaftsrecht und Erbrecht zu finden. Aus diesem Grund ist es nach Wegmann elementar, dass der Mediator, der kein Jurist ist, sich von einem Juristen begleiten lässt, um die rechtlichen Themen professionell bearbeiten zu können. Ebenso empfiehlt *Wegmann*, dass die Mediatoren, die in dieser Mediationsrichtung tätig werden möchten, sich die notwendigen Fachkenntnisse aneignen.[64] Die Komplexität einer Mediation bei Unternehmensnachfolge liegt darin begründet, dass die Bereitschaft bei der Lösung der Nachfolgeprobleme nicht ausreichend ist. Da hier das Gesellschaftsrecht die rechtliche Grundlage darstellt, muss dieses bei der Erarbeitung von Lösungen berücksichtigt werden. Aus dem Gesellschaftsrecht ergeben sich Beschränkungen für die Nachfolgeregelung. Daraus wiederum ergibt sie die Notwendigkeit, dass die gesellschaftsrechtliche Situation vor Beginn der Mediation aus juristischer Sicht genau analysiert wird. Sofern sich aus gesellschaftsrechtlicher Sicht Beschränkungen ergeben, was meistens der Fall ist, ist es erforderlich, dass diese zunächst der Person dargelegt werden, welche den Erstkontakt mit dem Mediator aufgebaut hat und im Anschluss dann allen weiteren Beteiligten.[65]

Für Situationen in der Lösungsphase, in denen es dem Mediator nicht gelingt, die Medianden so zu begleiten, dass sie wieder lösungsorientiert zusammenarbeiten können und ein Scheitern der Mediation droht, empfiehlt *Wegmann*, dass der Mediator um Erlaubnis bei den Medianden bittet, einen möglichen Lösungsvorschlag einzubringen. In diesem Kontext entspricht dieses Vorgehen oftmals den Erwartungen der Medianden.[66] Da diese Lösungsansätze das Gesellschaftsrecht und Erbrecht als Grundlage

---

[64] vgl. Wegmann, Bernd: Mediation bei Unternehmensnachfolge, S.6
[65] vgl. Wegmann: Mediation bei Unternehmensnachfolge, S.50
[66] vgl. Wegmann: Mediation bei Unternehmensnachfolge, S.46

innehaben müssen, ergibt sich daraus der Zusammenhang zu der im ersten Abschnitt dargelegten Sichtweise von *Wegmann*.

Dieses Vorgehen scheint umstritten, da der Mediator sich aktiv in die Lösungsfindung einbringt. Hier könnte im allgemeinen Verständnis von Mediation, eine Diskrepanz zur Allparteilichkeit und Neutralität des Mediators begründet liegen. Aufgrund der Verzahnung von rechtlicher Grundlage und individuellen Bedürfnissen, Interessen und Befindlichkeiten stellt dieses aktive Eingreifen in den Lösungsprozess eine Möglichkeit dar, die Beteiligten so wieder „ins Boot zu holen", indem sie so implizit an den rechtlichen Rahmen der Verhandlungen erinnert werden und gleichzeitig vom Problemmodus in den Lösungsmodus geführt werden. Ein Mediator ohne entsprechende Rechtskenntnisse wäre in diesem Fall nicht in der Lage, aktiv zu intervenieren. Da der Mediator sich bei seinem Lösungsvorschlag auf das Recht berufen kann, ist die Allparteilichkeit und Neutralität weniger gefährdet.

Abschließend kann Wegmanns Ansatz wie folgt zusammengefasst werden: Das Feld der Mediation bei Unternehmensnachfolge sollte nur von Juristen oder in Begleitung eines solchen durchgeführt werden, da die Juristen das Gesellschaftsrecht und das Erbrecht kennen. Diese spielen in der Mediation eine erhebliche Rolle und es kann davon ausgegangen werden, dass die Medianden eine Erwartungshaltung an den Mediator haben, dass er über entsprechende Kenntnisse verfügt, die er im Zweifel für eine Fortführung der Mediation auch einbringt.

# Literaturverzeichnis

*Fritz, Roland; Klenk, Michael:* **Einzelgespräche- Teil 1**, Von der Hauptstraße auf die Nebenstraße und zurück

(in: Zeitschrift für Konfliktmanagement, Otto Schmidt Verlag, Centrale für Mediation, Ausgabe 05/2016)


*Kracht, Stefan; Niedostadek, André; Senseburg, Patrick (Hrsg.):* **Praxishandbuch Professionelle Mediation**: Methoden, Tools, Marketing und Arbeitsfelder

(Haufe Lexware Verlag, 5. Auflage, Planegg 2017)


*Ponschab, Reiner; Schweizer, Adrian:* **Wirtschaftsmediation Teil 1**

(Studienkurs 71074/1 im Master of Mediation der FernUniversität Hagen 2017)


*Ponschab, Reiner; Schweizer, Adrian:* **Wirtschaftsmediation Teil 2**

(Studienkurs 71074/2 im Master of Mediation der FernUniversität Hagen 2017)


*Reutter, Wolfgang Paul:* **Die Achtsamkeit des Mediators**, Einführung in eine achtsamkeitsbasierte Haltung in der Mediation

(Nomos Verlag, 1. Auflage, 2017, Baden-Baden)


*Schulz von Thun, Friedemann:* **Miteinander reden: 1**, Störungen und Klärungen, Allgemeine Psychologie der Kommunikation

(Rowohlt Taschenbuch Verlag, 58. Ausgabe Juli 2021, Reinbeck bei Hamburg Oktober 1981)


*Thomann, Christoph; Prior, Christian:* **Klärungshilfe 3**, Das Praxisbuch

(Rowohlt Taschenbuch Verlag, 6. Auflage, Reinbeck bei Hamburg 2021)


*Wegmann, Bernd:* **Mediation bei Unternehmensnachfolge**

(Studienkurs 71077 im Master of Mediation der FernUniversität Hagen 2017)